Als Dank und Anerkennung für
40-jährige Mitgliedschaft
in der Ortsgruppe Dußlingen
im Schwäbischen Albverein.

Dußlingen, 12. Januar 2002

A. Wellhäuser

Vorspruch

I denk i mein're Hoametschproch
a bißle über d'Hoamet noch.
Do ischt mir jeder Schwobelaut
so ganz herzennig ond vertraut.
Weil i mei Schproch ond d'Muetter ma,
schwätz i grad, wie-n-i schwätze ka,
grad vo dr Leaber weg ond frisch,
wie mir dr Schnabl gwa'se-n-ischt.
I zoag mei Lieb ond zoag mei Freud
am Leabe ond a' onsre Leut.
Ond fällt mr ebbes bsonders uf,
no mach i mir mei Versle druf.

Fritz Schray · Rolf Schöndienst

Em Gärtle

Streifzüge durch die Heimat

Schwäbische Gedichte und Farbaquarelle

Silberburg-Verlag

D' Schternsenger

Wie vorzeita em Morgaland
laufet die Weise omanand
en Dorf ond Schtadt, vo Haus zu Haus
ond toalet Heil ond Seage aus.

Se bettlet noh om Gottes Loh
für d'Armuet ond für d'Weltmissio
ond freuet sich, wenn ma gern geit
ond daß om's selber Seage treit.

No molet se ihr C + M + B
an Türschturz ane, wonderschee!
(Do sott ma fascht lateinisch lehra,
drom will i's onta gschwend erklära).

Mir drucket ons halt schwäbisch aus
ond saget so: »Gott segne 's Haus!«
Ond do drfür mit offne Händ
geit ma au e reachte Schpend'.

C + M + B = Christus mansionem benedicat, Christus segne
dieses Haus. Zugleich die Anfangsbuchstaben der heiligen drei
Könige Caspar, Melchior, Balthasar.

D'r viert Kenig

Hoscht du des au scho ghört ond gseah,
es seiet jo vier Kenig gwea,
wo do onterweags gwea send
ond des Kripple gsuechet hent.

Doch dr viert, vom Mitleid trieba,
der sei äll Häck schtanda blieba,
wenn'r oama Leid ond Not,
Schmerz ond Elend gseahne hot.

Do hot's ehm no nemme g'eilet.
Er hot sich oft lang verweilet,
nemme an den Schteare denkt,
Gold ond Edelschtoa verschenkt.

Schließlich kommt'r bettlarm
hentedrei, daß Gott erbarm,
schtoht ganz traurig no am End
vor seim Gott mit leere Händ.

Der guckt den vrwirrta Ma
mit verklärte Auga a,
wie als wenn er sag ganz schtill:
»Komm, so ischt doch des mei Will'!«

Em März

De erschte Kätzle em Gaarte
ond Schneeglöckle nebe dra.
Jetzt könnet mr's vollends verwaarte,
bis's Frühjohr komme ka.
Es hot jo d'Amsel scho gsonge
früehmorgeds mitte em Schnee.
Do tent ons dia Eiswitteronge
scho gar nemme so arg weh.
D'Natur probt scho 's neu Lebe,
ond älles druckt raus partout.
Jetzt ka ma nix meh verhebe.
Herz, wag's au du!

D'Wiesa em Früehjohr

D'Wiesa, die send it glei bont.
Jeder Bauer seit em Scherz:
»Z'erschte kommt dr blooe
Hond!«
mit Baurabüeble Mitte März.

Kaum vrgoht des Hemmlsbloo,
kommt Hahnefueß ond Löwezah.
Ond de ganz Wies leuchtet no
em hellschta Geal vo Oschtra a.

Ond no kommt mit Schtoraschritt
schließlich noh dr weiße Hond
mit Kerbl ond mit Margerit'
ond füllt de ganza Wiesegrond.

Kaum sieht die Wies vielfarbig aus,
daß ma's it vrgucka ka,
holt dr Bauer d'Seages raus
ond fanget mit'm Heuet a.

's Früehjohr ischt do

Jetzt ischt Oschtera vorbei
ond dr Herrgott uferschtanda.
D'Welt ischt fonklnaglneu
ond befreit vo älle Banda.

Ma schtoht am Morga lieber uf,
guck, es taget au scho bälder.
D'Sonna kommt viel schneller ruf
ond vergoldet 's Dorf ond d'Felder.

Jetzt ka'scht wieder aus'm Haus,
ka'scht mit Freud dr Arbet noh
ond kommscht ohne Kittl aus.
Jetzt ischt 's Früehjohr richtig do.

8

Sonntigsrueh

Am Haus des Gärtle, des ischt halt,
weit weg vo Lärm ond Leut,
mei ällerliebschter Ufenthalt
em Frühjohr om die Zeit.
's ischt grad wie en 'me Bluememeer,
wie-a Schtrauß ischt jeder Boom,
es weht e Zauber om di her
wie em a schöne Troom.
Du merkscht it, wie dr Tag vrgoht,
bischt ganz für di allei,
bis d'Sonna tief em Obed schtoht,
no gohscht wohlz'frieda nei.
Drom ischt em Haus des Gärtle halt,
weit weg vo Lärm ond Leut,
mei ällerliebschter Ufenthalt
em Frühjohr om die Zeit.

Bärlauch

Mancher pflanzt, wer's macha ka,
de Bärlauch en seim Gärtle a.
De wilda aber mueß ma suecha
em Märzewald onter de Buecha.
Do gang 'naus en Buechawald,
paß uf, do fendscht de Bärlauch bald.
Du brauchscht do bloß dr Nas noch gao,
no siehscht'n scho vo weitem schtaoh.
Taused weiße Schtearnle sitzet
uf denne Schtiel rengsom ond blitzet,
wie vo zarte Händle gschickt
en an grüena Sammet gschtickt.
Bloß des Blattwerk, des schtenkt übl
noch Schnittlauch, Knoblauch ond noch Zwiebl.
No nemmscht e Blättle zwischet d' Zäh.
Des fendet no d' Naturfreund schee,
weil jeder woß: De reacht Arznei
mueß würzig, scharf ond bitter sei.
No hilft se für de meischte Breschta
älleweil halt noh am beschta.

Scho am Morga mueß ganz frisch
dr Bärlauch gschnitta uf de Tisch.
No schtreut ma sich e gsalzes Lot
uf'n Ranka Butterbrot.
Am Mittag kommt'r a'n Salat.
Wie wär der ohne Bärlauch fad!
Ond no ißt ma'n au noh pur
für e gsonde Frühjohrskur,
für'n Kreislauf ond für jedes Waih.
Wenn des it hilft, hilft gar nix maih,
wenn der durch Leib ond Mage drengt
ond aus älle Pora schtenkt.

Für mi fangt's Früehjohr no erscht a,
wenn i Bärlauch hola ka.

R. Schreiber 15.5.89

's Gartebänkle

Hoscht a Bänkle vor em Haus
an 're warme Bretterwa'd,
no nützet ma doch des au aus
ond weist's it vo dr Ha'd!

's ischt do a Kirbe, dort a Fescht,
ma kommt fascht nemme draus,
drom hocket ma do z'allerbescht
uf's Bänkle vor em Haus.

Ma hot jo seine Lebenstäg
doch wahrlich Breschte gnue,
do braucht ma doch au welleweg
ällbott sei saubre Rueh.

Do sammlet ma für'n Alltag Kraft
ond trenkt a Fläschle Bier,
ond pflegt au wieder Nochberschaft
so gmüetlich, grad wie früeh'r.

D' Welt schpielt sowieso verruckt!
Wo füehrt au des noh na?
Do ischt guet, wenn ma z'semmeruckt
ond sich vertrage ma'.

Mei Vatter

Mei Vatter ischt e Schaffer gwea,
Er hot's it leide möga,
daß oiner d' Arbet hot it gseah,
sich hot it welle rega.

Z'tags hot'r en dr Säege gschafft
am Gatter, oft neu' Schtonda,
drzua noh en dr Landwirtschaft –
'r hot sich grausig gschonda.

Am Sonntig ischt'r gern en Wald,
dr Harzduft hot'n g'locket,
ond do drnoh, do ischt'r halt
gern no ens Wirtshaus ghocket.

Er hot zwor vor dr Obrigkeit
Reschpekt ghet, it a'bändlet,
sich ei'gsetzt für Gerechtigkeit,
wenn's sei hot müeße, ghändlet.

Em Haus, e'r Schuier ond em Schtall
hot müeße Ordnong walta,
em Schopf, em Hof ond überall.
Do hot'r viel druf ghalta.

I sieh'n heut noh vor mr schtaoh,
ufrecht, gradraus ond g'messa.
Ond wie-n-i sei Bild en mr hao,
so will' en it vergessa.

Mei Muetter

Mei Muetter, die war seeleguet,
herzguet vo enne raus,
hälenge fromm, voll Lebensmuet,
dr Halt vom ganza Haus.

Se hot mir viel em Leaba ge'a.
I hao's oft gar it gwißt!
Des ischt so selbstverschtändlich gwea,
bis ma's hot z'mol vermißt.

D'r Herrgott hot're viel zuetraut,
was se äll's trage ka.
Doch hot se älles uf ehn baut,
ischt nie verzweiflet dra.

Jetzt ischt se lang scho ganz weit fort,
do, wo's kon Zruckweag geit.
Doch glaub' i, daß sogar vo dort
ihr Lieb noh Seaga treit.

Guete Nochberschaft

E Schwätzle übern Gartazau,
des ischt halt ällmol schee,
des därf ma sich it nemma lao,
ischt ma grad halba hee
vom Hacka, Recha, Pflanza, Säa,
vom Heckaschneida oder Mäha.

Z'erscht vom Wetter a paar Wort,
wie älles schö gedeiht,
über's Neu'schte aus'm Ort,
e bißle über d'Leut –
vom Hacka, Recha, Pflanza, Säa,
vom Heckaschneida oder Mäha.

Ond no ka'n-es sogar sei,
ma schwätzt it bloß so rom,
ma lädt sich gegeseitig ei:

»Leg 's Werkzeug na ond komm,
laß's Hacka, Recha, Pflanza, Säa,
laß's Heckaschneida ond laß's Mäha.«

Ma hocket zuanander na,
ufs Bänkle zwischem Gmües'
Ma gruebet aus ond seit, es ka
it schöner sei em Paradies,
trotz Hacka, Recha, Pflanza, Säa,
trotz Heckaschneida ond trotz Mäha.

So'te Nochber hent kon Schtreit,
kone Händl mitanand,
hent noh füranander Zeit,
drom goht es au leicht vo'r Hand
des Hacka, Recha, Pflanza, Säa,
des Heckaschneida ond des Mäha.

Am Gartezau

Denna ond hussa,
henna ond dussa,
d'üba ond hüba,
hüba ond d'üba,
nom ond rom,
rom ond nom,
herna ond derna,
derna ond herna.
umehanga ond herelanga,
umelanga ond herehanga,
umelupfa ond dureschlupfa,
umeschlupfa ond durelupfa,
ufejucka ond abegucka,
ufegucka ond abejucka,
außewa'se ond innegrasa,
innewa'se ond außegrasa,
durabe, duruse, durinna,
durufe, durdure vertrinna.
So ka ma's hao
am Gartezau.

Denkmolschutz

Ma mont,
ma müeß vo onsre Alte
bloß die hohe Konscht erhalte.
Doch geit es heut
au noh so Leut,
die zoaget gern au ihre Kend,
wie d'Leut früehr gwohnt ond gschaffet hent.

Ma mont,
a altes Baurehaus
nemm me vom Denkmolschütze aus.
Doch geit es heut
au noh so Leut,
die zoaget gern au ihre Kend,
wie oafach früehner d'Leut gleabt hent.

Ma mont,
daß ma doch des bloß schütz,
was em Geld ond Fortschritt nütz.
Doch geit es heut
au noh so Leut,
die zoaget gern au ihre Kend,
daß alte Sache au Wert hent.

Ma mont,
's Modernsei sei bloß guet,
äll's ander sei a alter Huet,
Doch geit es heut
au no so Leut,
die zoaget gern au ihre Kend,
daß d'Leut früehe au it domm gwea send.

Ma mont,
's wachs älls en dere Zeit,
sonscht sei nix gwese weit ond breit.
Doch geit es heut
au noh so Leut,
die hent aus alter Weisheit glernt:
De neu Saat kommt vo'r alte Ernt.

Was hier des
Feindes Grim
Anno 1693
Mit Feuer abgebrannt
steht wider aufgericht
durch Gottes Segen Hand
Anno 1707

Haus-Schprüch uf schwäbisch

Wer an d' Schtroß baut,
der mueß d' Leut schwätza lao,
weil do jeder mont,
er müeß ebbes z' tadlet hao.

's Haus seit:
I hao Mädle. Ich hao Bueba.
Ich hao Kammera. I hao Schtuba.
Aber komm zur Tür rei,
schla' mr it d' Wänd nei.

Wenn des Haus solang schtoht,
bis Neid ond Haß vrgoht,
no schtoht 's lang,
bis zom Weltontergang.

Des ischt e' Herberg für kurze Zeit,
d' Hoamet ischt en dr Ewigkeit. –

De alte Häuser drucket d' Schtoa,
de neue d' Hypotheka.

Kommscht mit'm Nochber gar it aus,
hoscht de Teufl vor ond hentrem Haus.

Mit guete Nochber
ischt guet Häuser ufrichta.

E brav's Weib,
e gueter Nochber
ond 's täglich Brot
send de drei beschte Deng für d' Welt.

Mach's anderscht,
wenn's ka'scht.

Es wensch mir jeder, was er will,
geb ehm Gott dreimol so viel.

Des do, des send meine Sacha.
Du würd'scht es au it anders macha.
I hao 's so gmachet, wie mir's gfällt,
ond 's hot mi koscht't mei oaga Geld.

Des Haus ist mei ond doch it mei,
dem zweite ghört's au it allei,
ond au de nächschte treit ma 'naus.
Jetzt, Wandrer, sag, wem ghört des Haus?

En dem Haus ben i au bloß Gascht,
e Fremder bloß, e Wandrer,
ond wenn i no 'mol gschtorba be,
no erbt des Haus e andrer.

R. Schmidlin 23.7.96

D'r alt Bronna vrzählt

Wenn mei Wasser quillt
aus'm Bode empor,
über Teuchl ond Rohr
no mein Trog uffüllt,

schtand i gern vor 'em Haus,
lad do jederma ei,
kommt'r grad do vorbei,
ond schenk freundlich aus.

Scho am Morga früeh
hao-n-i Wasser gnueg
für d'Frau mit'm Krueg
ond für d'Rösser ond d'Küeh.

's fällt mr niemeds zur Lascht!
Au dr Handwerksburscht
löscht bei mir gern sein Durscht
ond ischt mir lieber Gascht.

Für äll' Kender bei Hitz
halt i Wasser bereit,
wenn's e Wasserschlacht geit
ond 's reacht pflatschet ond schpritzt.

Au äll's Kleine bsuecht mi.
Für e Rotschwänzle-Bad
hao-n-i Wasser parat,
Gras ond Bluema tränk i.

Wer em Liabsei nochgoht,
fend't bei mir de schönscht Platz
für en Treff mit'm Schatz
bis en Obed schpot.

Aus'm uralte Drang
versorg i mit Freud
's Vieh, d'Bluema ond d'Leut
ond i hoff, des noh lang.

Froschkonzert

Ob's dir e Luscht, e Ärger ischt
– wie's jeder grad empfend't,
wenn du am Haus en Weiher hoscht
ond d'Frösch so grausig tent.

Am Obed, wenn kaum d'Sonna goht,
no fangt dr erscht scho a,
ond mit dr tiafa Dämmerong
goht's los: äpp, äpp, qua, qua.

Dr Grasfrosch ond dr Wasserfrosch,
e Laubfrosch ond e Unk,
die machet jetzt ihr Schtandkonzert:
qua, qua – äpp, äpp – unk, unk.

Se senget ihrem Weibervolk
de Sommerobed an,
's tuet it grad schö – aber ma woß:
's sengt jeder, wie er's ka!

Ond wenn's di zur Verzweiflong brengt,
uf älle Fäll am End,
muescht zuegea, 's hot halt au sein Senn,
wenn d'Frösch so grausig tent.

Reaga

I mueß ganz ehrlich saga:
I ka ehn guet vrtraga.
Mir macht's so richtig Schpaß,
wenn's gießt wie aus 'me Faß.

Wenn andre schier vrzwazzlet,
wenn's mol so richtig prazzlet,
mir tuet des richtig guet,
wenn's dussa grausig tuet

ond mir's uf's Fürdach klopfet
ond äll's vom Reaga tropfet.
Do hock i gmüetlich na
ond guck des z'frieda a.

Do ka-n-es noh so klatscha
ond ka dr Kener Pflatscha.
I sag zu mein're Frau:
»De Reage braucht ma au!«

Wenn's schüttet wie mit Kübl,
fend i des gar it übl,
guckt ma on au domm a,
wenn ma de Reaga ma'.

Es müeßt doch jeden greaba,
tät es kon Reage geaba.
Wie d' Freud noch manchem Weh
macht Reage d' Sonn erscht schee.

Bauragärtle

Ma sieht em Ort rom vielerlei
Mäuerle ond Gartezäu,
haoh ond nieder, eng ond broat,
sich selber z'lieb, em andre z'load,
wenn ma eizäunt, was om ghört
ond andre Leut de Platz verwehrt.
Mir Schwoba send do bsonders eiga
ond wellet scho a Grenz ufzeiga
mit Pfoschta, Schwarta, Maschadroht,
wie weit dr oaga Bode goht.
Ond zom Schutz vor jedem Schada,
Latta, gschpitzt wie Palisada,
kerzegrad, diagonal,
kaum en Schlitz, älls eng ond schmal.
Wie e Jongfer fescht verschlossa,
ällem Wonderfitz zom Bossa.
Ond e hagebüechne Heck,
a Letzsaul am e jede Eck.

Ond henter so 'ma Gartezau,
kascht älles schö beinander hao:

Heckabeer- ond Träublesschtöck
ond e Riesa-Brombeerheck,
Rettich, Gurka ond Spinat,
Rote Rahna ond Salat,
Erbse, Bohna, Eberraut,
Schnittlauch, Zwiebl, Suppekraut.
Ond am ganza Zau entlang
Dahlie ond Große Prang,
Lilia ond Kaiserkro',
Salbei, Minz ond Eschtrago.
Ond wie des älles wä'st ond blüeht,
des ischt a Gartefescht fürs Gmüet.
So e Gärtle ischt deswega
's ganze Johr e wahrer Sega.

Kommscht du grad do dra vorbei,
guck doch oafach gschwend mol rei.

Honig

Dr Honig hot zu äller Zeit
de Menscha gnährt ond süeß erfreut.
Dr Imma Schwärma ond Gesumm
hot d' Leut scho gfreut em Altertum.

Johannes hot sein Honger g'stillt
mit Heuschrecka ond Honig wild.
D' Germana hent scho ihren Met
aus Honig für de Feschttrank ghet.

Bis en de neu'schte Zeita rei
betreibet d' Menscha d' Imkerei.
Zu Baurahäuser rengs em Land,
do ghört halt au en Immaschtand.

Ond heut noh gilt der Honig au
als Götterspeis' ond Hemmls-Tau.
Ma vertraut uf Heil ond d' Kraft
aus dem Sommerblüetesaft.

D' Sonn ond s' Liacht ond d' Wärme send
en dem, was d' Imma gsammlet hent
mit Bienefleiß ond Nektardrang
de ganze scheena Sommer lang.

Bleib au 'mol schtaoh vor'm Immahaus,
los uf des G'somm, Gesurr, Gebraus
ond guck au mol en äller Rueh
beim Schleudera em Imker zue.

Doch, paß uf, dr Schtachl schteckt
oft noh, wenn ma Honig schleckt,
au ischt it ällweil guet vielleicht,
wenn ma'n om om's Maul rom schtreicht.

Doch isch natürlich au verbürgt,
daß dr Honig Wonder wirkt.
Äll Tag en Löffl Honig essa,
ond älle Breschta send vergessa.

R. Schautmann 22.8.91

Grad om's Eck nomm ...

I lauf für Passleta
oafach so vor mi na,
guck mi e bißle om,
biag om e Hauseck nomm
ond sieh do z'mol des Haus
wie-n Riesasommerschtrauß.

I ka it weitergao
ond bleib ganz selig schtaoh
ond guck mit vollem Gmüet
des a, was do äll's blüeht:
Sonnehüetle, wilder Wei,
Kapuziner zwischenei,
Tränend's Herz ond Margerit',
Gerania uf 'm Feaschterbritt.

Dem Haus, dem sieht ma a,
daß ma drenn Blume ma.
Ond wer die hoch en Ehre hält,
der hüetet 's Schöne en dr Welt.

Passleta (Basleda): Zeitvertreib, ohne beson-
dere Absicht (von franz. passe le temps).

Rentner

’s wichtigscht Wort bei’n Rentner heut
ischt des Wort: Ko Zeit, ko Zeit!
Do schprenget se am Morga scho
bloß grad zom Loch naus ond drvo,
oafach naus ond rom ond nom,
wisset selber it worom.
Oafach so en d’ Weltgschicht nei!
Seahnet it de Sonneschei
ond des Liachte, Scheene, Helle.
Älles goht do bloß uf d’ Schnelle.
Ond verkommt ma nette Leut,
hoßt es bloß: Ko Zeit, ko Zeit!

So kesslet se ’s Ort aus ond ei,
wellet üb’rall z’vorderscht sei.
Älles sot ma z’erschta hao,
niena ka-n-es schnell gnue gao,
ällweil hetza ond pressiera,
schiergar noh de Kopf verliera.
Bei kon’re Ampl bleibt ma schtaoh.
Do mueß ma bei Rot drüber gao.
Ob mit’m Fahrrad oder z’ Fueß,
beut ma sich kaum de Morgegrueß.
Gäb’s für e Schwätzle G’leageheit,
hoßt es bloß: Ko Zeit, ko Zeit.

Drbei hot Gott mit Tag ond Nacht
Zeit grad haufeweis gnueg gmacht.
A’r Zeit ka’s wirklich do it fehla:
Ma braucht se sich jo it ’mol schtehla.
Ma braucht it geiza ond it klemma.
Zeit ka ma sich grad oafach nemma.
Bloß grad halt noch dr Sonna gaoh,
ond älle Uhra schtande lao.
Denk do dra, wenn älles hetzt,
’s gilt der Schpruch: Leb hier ond jetzt!
Drom nemmet euch, ihr liebe Leut,
für euch ond füranander Zeit.

# Rentnertroom em Gaarta

Des ischt des Bänkle em Gaarta
am Zwetschgabom überm Roa,
do hock i, will gar nix vrwaarta.
Äll's kommt do ganz vo-n-alloa.

I guck ens Gras ond en d'Blüeta
ond los de Vögele zua,
tua au 'mol mei Enkele hüeta,
ond nix brengt mi do aus dr Ruah.

Was macht ma sich manchmol für Sorga,
wo eigentlich gar kone send
ond oft doch am andere Morga
ihr'n Grond scho vrlora hent.

So hock i no gmüetlich do ane –
wenn sich's em Traum emol geit,
weil, leider isch so, bis jetzt ha-n-e
vor lauter Omtrieb ko Zeit.

Wer Ordnong hot, hot bloß kei Freud am Suecha

»Suechet, so werdet ihr fenda!«
Des Wort gilt bei mir fascht äll Täg.
I suech nämlich vorna ond henta,
weil i ällweil älles verleg.

Was i au a'fang, z'erscht leid i,
weil i, was i hao sott, it fend.
Was ischt do am Morga scho Zeit hi,
au wenn es scho überall brennt.

I suech ebbes d'onta em Souterrai'
Do hao-n-i viel Gruscht ommaschtaoh.
Ond d'onta fällt mir's it om d' Welt ei,
was i überhaupt wella hao.

Schnell wieder ruf. Uf dr Schteaga,
do schießt's mr doch wieder en Kopf.
No ka'scht wieder nonterscheaga
ond denkscht: o vrgeßlicher Tropf!

Ond no mit de schriftliche Sacha –
wie leg i die extra uf d' Seit,
ond ganz bsonders die, 's ischt zom Lacha,
suech i hentedrei wie it gscheit.

Ond was i an Büecher scho gsuecht hao!
De Büecherschrank dreimol omdreht.
Do könntescht grad dreimol en d' Luft gao,
wenn's bloß ebbes helfa tät.

I ka's oft fascht nemme präschtiera,
wenn nix an seim Platz isch, wie's sott.
Doch ka mr's beim Sucha passiera,
daß i doch au e Freud hao ällbot.

I ka nämlich z'mol ebbes fenda,
oafach grad so neabeher,
en dr onterschta Schublad ganz henta,
was i gsuecht hao lang scho vorher.

Dorom suech i oft gern ond mit Luscht au,
weil i beim Sueache am End
en dem Chaos, wo i so beinand hao,
fascht älleweil ebbes Nett's fend.

nonterscheaga = lustlos und schief hinuntergehen.

Freizeit – ond was tue ...

Alle Menscha hent doch heut
en ganze Haufa freie Zeit,
it bloß am Sonntig, ma hot doch
scho lang jetzt die Fenftagewoch
ond macht sogar bei manchre Schicht
scho em Freitigmittag dicht.
Zeit, daß ma mit ond ohne Geld
tue ond lao ka, was om gfällt.

Do hocket ma ens Auto nei,
vorna zwei ond hente drei.
D' Oma klemmt's, dr Opa schwitzt,
weil ma viel z'bhäb z'semmasitzt.
Ond no goht's em U'verschtand
kreuz ond quer durchs ganze Land
ond bei dere Raserei
a'r schöne Landschaft schnell vorbei.

Manchsmol kommet se no au
en an schtondelanga Schtau.
So goht dr Sonntig no au rom.
Kommet se am Obed hom,
send de ganze Nerva hee.
Wie hao i's en meim Gärtle schee,
wenn i gmüetlich mit »null Bock«
am Sonntig ontrem Fürdach hock.

Manche ganget samstigs scho
en e Fußball-Schtadio,
seahnt die Millionär do kicke
ond sich faula, klemma, zwicka.
Ond des Gschrei vo dene Leut,
wenn se johlet wie it gscheit!
I denk, wie hao-n-i's do doch schee,
wenn i en meim Gärtle bee.

No hocket d' Fraua ond au d' Manna
schtondalang vor Glotzkischt d'anna,
lieget uf'm Kanapee
de ganze Tag wie halba hee.
Ond 's Programm uf älle Sender
wird doch wirklich äll Täg mender.
Wie hock i do am Sonntig gern
em Gärtle ond sieh wirklich fern.

De Jonge gohnt en d' Diskothek.
Do ischt d' Musik so richtig schräg,
mit Vrschtärker Mega-Krach.
Do lupft es jo fascht 's Beto-Dach.
Do ka 's sei en ein're Nacht,
daß ma 's ganz Gehör hi macht.
Wer ka so'n Tumult begreifa?
I hör lieber d' Vögl pfeifa.

No wellet mr die it vergessa,
die gohnt e'r Freizeit groß zom Essa,
lasset sich zeah Gäng uftraga.
Am andre Tag hört ma's no klaga,
was se do drvo am End
em ganza Leib Beschwerda hent.
Ond mir langet do bloß grad
e Häuptle oagena Salat.

Manche gohnt en's »Fitness-Center«
äll Woch emol de ganza Wenter
ond schendet sich, daß Gott erbarm,
mit Gwicht am Hirn, a Fueß ond Arm,
benutzet jede Kraftmaschee'
ond machet sich bueschtäblich hee.
I aber pfleag en dere Zeit
mei ennere Gelassaheit.

Ma mueß doch au verweila könna,
it ällweil fahra, hetza, renna.
Anehocka, ommegucka,
sich 'mol noch 'me Blüemle bucka,
au 'mol fenfe grad sei lao
ond e bißle en sich gao.
Drom hock i en mei Gärtle nei
ond laß Freizeit Frei-Zeit sei.

Alte Liedle

Senga ischt e Gottesgab
ond meh wert als älle Hab.
Wie des tief em Herze klengt,
wenn ma mitanander sengt!

's wird om de ganz Welt zom Lied,
tröschtet ond erhebt 's ganz Gmüet.
Was ma so it saga ka,
schtemmt ma mit'me Liedle a,

was on druckt ond was on freut,
Luscht ond Kommer, Glück ond Leid.
Wenn ma sengt en volle Tö',
schteigt des älles froh en d'Höh.

Früeh'r ischt ma em Gärtle g'sessa,
hot äll Sorg ond Jäscht vergessa,
älle Nochber beianand'.
's tuet on heut noh drnoch and.

Ond grad die alte Liedle send
bsonders innig ond so lend,
daß ma's wie en Balsam schpürt,
wo on ganz tief drenna rüehrt.

»I hab e schön's Häusle, i hab e schön's Haus«,
»Muß i denn, muß i denn zum Schtädtele 'naus«,
»Bin ich meinem Liebchen nah«,
»Durchs Wiesetal gang i jetzt na«.

»Des Baurebüeble ma-n-i net«,
oder »Wenn i Geld gnueg hätt«,
»Steht überm Dorf der erste Stern«
ond »Das ist der Tag des Herrn«.

»Macht man ins Leben kaum den ersten Schritt«.
I glaub, jetzt sengt scho älles mit.
Ma schpürt vo früehr en leise Hauch
ond denkt gern an den scheena Brauch.

R. Schnidienst 26.6.96

E' Einödhof

's G'lärm ond d'Schtroßa, die send weit.
E' langer Holzzau wie e G'länder
goht am ganza Haus entlang.
Rengs om de Hof Kuehglockaklang.
Lenks ond rechts en d'Woad verschtreut
scheene Roß ond gsonde Render.

D'r Hof schtoht schtolz am Wiesahang,
e' Käpelle a' sein'ra Seita.
Für sich e oagne Welt
mit Lendabeem vrschtellt.
So schtoht'r scho johrhondertlang
ond überdauret älle Zeita.

D'Leut send ei'zecht wie dr Hof,
schaffet viel ond schwätzet wenig,
send schtolz uf ihra Sach
ond führet e gaschtfreundlich's Dach.
E' jeder ischt e Philosoph,
ond jeder ischt hälenga Kenig.

Ei(n)zecht = einzeln, isoliert.

Güllegomper

D'r Güllegomper am Mischterand,
der hot do sein ganz bsondre Schtand.
Ma mueß do anefahra könna
ond über d' hülza Güllarenna
des überaus koschtbare Naß
nomleita en e Güllefaß.

Wenn ma no will Gülla füehra,
mueß ma z'erscht em Loch romrüehra,
daß dr Gomper it versauft
ond d'Gülle gschlacht ens Faß neilauft.
No erscht hot ma aus dem Gompa
d'Mischtbrüeh könna uffepompa.

Wenn dr Gomper no ällbot
trotzdem it glei zoga hot,
schüttet ma – ond pompet glei –
en Oamer Wasser obe nei ...
War no äll's fonktionsbereit,
hot ma pompat, oft zu zweit,

bis 's Faß überg'loffa ischt.
No hot ma mit 're Gabl Mischt
's Faß verschlossa obe dra,
daß nix überschwappa ka.
No hot ma gschwend de Schwengl onta
mit 'me Soal an 's Saugrohr bonda.

Ond wenn no ischt ei'gschpannt gwea,
hoscht als Büeble müeße seah,
daß ma di uf 's Faß g'lupft hot,
vor's Fuehrwerk ab uf 's Feld naus goht.
Des war domols scho noh e Schpaß:
Feschtreiter uf 'm Güllefaß.

Güllegomper = Pumpbrunnen an der Mistlache.

Krautvogl

Es send scho scheene Schmetterleng
em früehe Herbscht die Kohlweißleng,
wenn se, vo meinm Kraut a'glocket
en Schare em Krautgaarte hocket.

Doch wenn do no z'mol Raupe send,
wo d' Köpf ond d' Blätsche fresse went
bis uf d' Doarscha ratzekahl,
no ischt des scho e weng fatal.

Ma denkt do dra, was ma am End
aus dem Kraut äll's koche könnt:
Lauter, lauter guete Sacha,
Krapfa, Wickl, Knödl bacha,

Sauerkraut, Bauchschpeck drbei,
mit Bluetwürscht ond Erdäpflbrei.
Es lauft dr em Maul 's Wasser z'semma.
Was soll ma do bloß onternemma?

Du hockescht do ond guckescht zua.
Jetzt sag mr du: Was soll i tua?

Krautvogl = Kohlweißling.
Blätscha = Blätter der Kohl- und Rübenarten.
Doarscha = Stengel, Strunk von Kohl und Salat.

Übernäma

Em Ort, wo jeder jeden kennt
ond woß, was d'Leut für Mucka hent,
do glaubt ma kaum, wie schnell des goht,
daß oa's en Übernama hot.

Desjenig kriegt des it mol mit
ond kennt sein Übernama it.
Doch rengsom wisset älle Leut
do bei dem Nama glei Bescheid.

Wer'n seit, der guckt sich z'erschte om.
Er gilt nämlich bloß henterom.
Ma schtaunt bloß, was ma do de Leut
ällerhand für Nama geit:

Kaffe-Kätter, Bolla-Jörg,
Kuttl-Chrischtian, Pfipfes-Ge'rg,
Goaßa-Anna, Boscha-Hans,
Kaschper-Heiner, Schürzle-Franz,
Schnauzbart-Frieder, Enta-Bock,
Schpatza-Schtoffl, Krotta-Rogg,
Schtora-Metzger, Feag-Kathri',
Leutscheu, Draoschtl, Schwätz-Marie,
Hennafidla, Älle-Wend,
Welschkorn-Tone, Dipfl-Vent,
Hasa-Paula, Kircha-Lerch,
Krotta-Moschter, Überzwerch.

Des also wär die Namenslischt!
Paß uf, ob du it dronter bischt!

Hausierer

I hao des noh verleabt als Kend,
wo d' Hausierer komme send
mit Koffer, Rucksäck ond mit Tascha,
mit Krätta, Käschte ond mit Flascha
ond hent ihr ganze Herrlichkeit
e'r Schtube uf'm Tisch ausbreit't.

Ond was es do hot älles ge'a,
des hot ma fascht it überseah:
Seidne Tüechle, Onterhosa,
Muckewedl, Schnalla, Dosa,
Bürschta, Schpanga, Kämm für d'Mädle,
Helgle, Rosakränz, Traktätle,
Kruzifixus ond Kalender,
Sammet, Barchet, Hafebender,
Latwerg, Guetsle, Gwürz ond Tee,
Peitscha, Wetzschtei, Rechezäh,
Pomeranza ond Zitrona,
Hägemark ond Feuerbohna,
Muckefänger, Miederschtecker,
Taschemesser, Nodla, Wecker.

Ma hätt manches brauche könna
oder sich en Luxus gönna
vo der schöne Krämerwar.
Aber 's Geld war domols rar.
So hot ma bei der G'leageheit
sich oafach mit de Auga gfreut.
Oft hot au d'Muetter 's Hind'legeld
gschwend en dr Schatulla zählt!
No geit se a paar Märkle aus,
ischt der Ma scho 'mol em Haus.
Für was? I hao des gar it gseah.
Mir hot der Ma e Guetsle ge'a.

Latwerg = eingedicktes Obstmus, dick eingekochter Frucht-
und Beerensaft; eine Händlerin heißt Latwerge-Weib.

Beim Moschta

Wenn em Ösch d'Erdäpflfeuer g'loschtet,
ond dr Herbscht schwengt d'Neablfah',
goht's en jedem Flecka a
ond en jedem Haus wird gmoschtet.

Jeder schöne Tag wird gnutzet,
ond wo bloß e Moschtfaß schtoht,
daß dr Essiggschmack weggoht,
wird es z'erscht 'mol sauber putzet.

's Büeble mueß ens Faß neischlupfa
mit Wurzlbürscht ond Kerzelicht.
Mit Onschlitt macht ma 's Türle dicht,
no mueß ma's Faß uf's Lager lupfa.

Ond no mueß ma 's Obst sortiera,
daß es de reacht Mischong geit.
So hot scho dr Ähne gseit:
zwei Toal Äpfl, oa Toal Biira!

Schließlich lo't ma d'Moschte laufa,
oder treibt se selber a
mit'm Tribl ond zwei Ma.
Des geit Maische, ganze Haufa!

Die lo't ma en dr Büttem ziaga,
e weng a Wasser noh drzua,
ond no lo't ma's en dr Ruah
mendeschtens acht Tag lang liega.

D'r erscht Saft geit e Sonderpöschtle.
Ond drnoch wird no dr Rescht
au noh vollends preßt.
Des geit noh e Veschpermöschtle.

Ma mueß no noh Zucker kaufa,
daß dr Moscht reacht gära ka.
Ischt'r räs, sieht ma de Ma
no äll Tag mit'm Krüegle laufa.

Johresfeschtle

Em e schöna Johreskranz
gebet erscht die Feschter Glanz.
's mueß it glei e Vierfescht sei,
's send au kleine Fescht drbei,
oft send no de ällerklei'schte
de ällerschönschte ond de fei'schte.

Früehr war's für jede Nochber Pflicht,
do ischt ma zuanander z' Licht.
Em Früehjohr goht es Schlag uf Schlag:
Maitanz, Vatter-, Muttertag.
Wird es no em Sommer heiß,
geit es Feschtle dutzedweis.
En jedem Schtädtle, jedem Nescht
send Garte-, Wald- ond Schtroßafescht.
Do will sich koner lompa lao,
e jeder will sei Hocket's hao.
's ischt jo schee, ond es verbendet,
wenn sich d' Leut so z'semmafendet,
au die, wo ebbes Noblers send
ond suscht ko Mensch em Flecka kennt.
Ond dr Schultes hält sei Red.
O je, wer die verpassa tät!
Er schwätzt zwor ällweil 's gleiche raus,
kriegt aber oineweag Applaus.

Ond daß dr Herbscht it aneleiret,
wird do e reachte Kirbe gfeiret.
Do tanzt am Obed gege zehne
sogar no d' Ahna mit 'm Ähne.
Danoch kommt noh, wie sich des ghört,
Musik- und Sänger-Herbschtkonzert.

Doch geit es noh au welleweg
die schtille ond die Trauertäg.
Ma denkt en dere graue Zeit
an Tod ond an d'Vergänglichkeit
ond tröschtet sich no em Advent,
wenn endlich s'erschte Lichtle brennt.

No kommet die Familie-Obed,
wo die Verei de Kender gobet
mit Ruprecht ond mit Nikolaus.
Do ganget d' Obed no fascht aus
vor lauter Fescht em Kerzeschei
sei's em Betrieb, em Amt, Verei ...
Niklausreita, Weihnachtsschieußa,
äll's mit Essa voll genießa.

Ond 's höchschte en dr Weihnachtszeit
ischt doch d' Verei'stheaterfreud!
Do goht älles über d'Bühne,
Liebe, Luscht ond Schuld ond Sühne.
Träne, Lacha, Trauer, Glück
en Luschtschpiel oder ernschte Stück.
Ma woß jo: Bis zom graoße Ziel
ischt's ganze Leabe doch bloß Schpiel.

Drom feiret mir em Schwobaland
gern ond oft ond schee mitnand.

Häberesmues

Heut frogt mancher, was des sei,
der vielgerühmte Schwarze Brei.
De'scht früehr 's Morgeessa gwea.
Brot ond Kaffee hot's it gea.

Ma hot oafach g'lebt ond hot
s' Haber- oder Woazeschrot
en a kochends Wasser gschtreut,
daß es a dicks Mues nageit.

No kommt der sämig braune Brei
en a Eisepfanne nei.
Drüber noh e Schweineschmalz
ond e reachte Prise Salz.

Kaum uf 'm Tisch – no fahret glei,
die Löffl en die Pfanna nei.
Wer am schnellsta drenne ischt,
der hot 's meischte Schmalz verwischt.

So ißt ma no en Allmachts-Schlag.
Der hebt oin aus de ganze Tag,
ond vermauret 's ganz Gedärm,
geit feschte Backa, schtarke Ärm,
ond ma ischt drmit guet z'Fueß.
So lob i mir mei Habermues.

Mir Schwoba

Bei ons em ganza Schwobaland,
do ischt es jederma' bekannt:
Ma wird bei ons halt erscht e Ma,
wenn ma vierzge feira ka.

Ond es ischt do jo kei Fädle
anderscht bei de Schwobamädle.
Die werdet erscht mit vierzig au
e liebe, herzensguete Frau.

Uf jede Fall tuet's a dem Tag
en regelrechte Donderschlag,
ond wo ma'n hört, do saget d' Leut:
Do wird scheint's wieder ebber gscheit.

Ob des wohl zu dere Frischt
bei de andere au so ischt,
hot ma jo oft lang erwoga
ond au oft en Zweifl zoga.

Normal gilt des seit alter Zeit
bloß für onsre Schwobeleut.
Uf den Schlag na kommt ma glei
au en d' Schobesippe nei.

Do ka'scht it bloß grad innegao.
Do muescht e manche Tuge'd hao,
daß ma au, ob Frau, ob Ma,
mit gschtandne Leut reacht gschirra ka.

Ufrecht, gradraus sowieso,
ufgschlossa ond vo Herza froh,
bei äller Dommheit jo it domm,
hälenga gscheit, hälenga fromm,

voll Humor ond Muetterwitz,
bei äller Ehrlichkeit au knitz,
verschwiega wie e Opferschtock,
zueknöpft wie e Jongfrerock,

em Lieba blend, schwer em Bereua,
bei äll're Wuet schnell em Vrzeiha,
em Omgang mit de Leut oft grob,
für älles Echte voller Lob,

Entresse hao a ällem Schöna,
sich nia a's Oberflächlich gwöhna,
ällweil schaffig, gar nie müed,
dobei herzensguet em Gmüet.

Jo it hudla, nix verhetze,
jo nix Überflüssigs schwätza.
Ond so ischt au onser Schproch:
Mir denket meischtens dreimol noch,

passet aber uf wie d' Lüchs,
ond mir saget no erscht – nix.
Wenn andre ons verschtanda went:
Mir send halt grad so, wie mr send!

R. Schmidiem   1995

's Katzabänkle

's Katzabänkle, meiner Zeit,
bloß guet, daß es des nemme geit.
Do hot ma en dr Schuel äll's müeße
alle Lompereie büeße:
em Diktat viel Fehler hau,
beim Schöschreibe a Tentesau
oder's Eimoleins it könne.
Do hoscht könne noh so flenne,
bischt »zu deiner Nutz ond Fromme«
halt uf's Katzebänkle komme.
I han mr jo it viel draus gmachet,
han hälenge sogar noh glachet.
Mir hent no halt au's Müetle kühlt
ond's Merröhrle mit Tente gfüllt …
Aber au drhoim, oh weah!
hot's Katzetisch ond -bänkle gea.
Hoscht du trotzet oder bocket,
bischt glei uf dem Bänkle ghocket

Hot's au vom Heule no so gluckset,
do hoscht de dürfe net vermuckse,
Heut ischt d' Erziehong jo viel weiter!
Ond dennoch geit es au viel Streiter
ond recht viel Ozufriedeheit,
meh oft als en früeh'rer Zeit.
Erziehong mueß halt oifach sei,
bloß sott meh Öl als Essig nei.
Aber grad bei Jähzorn, Wuet
wär oft a Katzebänkle guet.

Deutsch sott ma leasa könna

Em Oberland en 're Pfarrei,
gediega fromm, idyllisch klei,
e bißele abseits vo'r Welt,
wo ma it viel vom Neu'schta hält,
do hockt e Pfarr e'r Traditio
ond wartet g'rüebig uf d' Pensio.

Daß ma'n it aus'm Aug verliert,
wird er halt au noh visitiert.
E' jongs Dekänle kommt do na
ond gucket z'erscht 'mol d' Kircha a.
Er will en d' Kirchabüecher gucka.
Die tuet dr Pfarrer gern rausrucka.
Se send en Handschrift sauber gfüehrt.
Wie er die aber inschpiziert,
verschrickt der forsche Jong-Deka:
Er merkt, daß er's it leasa ka,
weil, was en dene Büecher schtoht,
dr Pfarrer in *Dütsch* g'schrieba hot.

»Deutsche Schrift! Daß 's des noh geit!«
Er kommt ganz en Verleageheit.

»Jo«, seit dr Pfarr, »so ischt des halt!
Die Schrift ond i send halt arg alt.
Doch ischt es guet für jederma,
wo die alt Schrift noh leasa ka.
Auf die Art kommt ma erscht uf d' Schpur
vo'r alte Weishet ond Kultur.«

Druf seit dr Deka: »Leider, leider
mueß i jetzt au schnell wieder weiter!«

Ond no schwätzt 'r nemme viel.
D'r alte Pfarrer lächlet schtill.
No ischt die Pfarr-Visit vorbei,
ond beide packet wieder ei.

Metzelsupp'

Wenn dr Geißamörder schtürmt
ond em Feld de Schnee uftürmt,
wenn's en oam fort aneschneit,
hot ma fürs Hausmetzga Zeit.
Ond ma hot jo für den Fall
e Dreizentnersau em Schtall.

Jetzt goht's an d'Arbet a paar Schtond,
no kocht scho 's Fleisch em Kessel ond
no geit's die Nierle, Bäckle, 's Briesele,
's Schnäuzle, s' Schwänzle, s' Rüssele,
glei druf Kesselfleisch ond Kraut.
Ond daß ma älles reacht verdaut,

schenkt ma sich geschwend a Schnäpsle ei.
No haut ma wieder richtig nei.
Heut därf ma essa, was ma ma
ond was ma bloß vertraga ka.
Do därf ma sich it lompa lao,
ma sott halt fascht zwei Mäga hao.

D' Kender traget d' Wurschtsupp' aus
zom Schultes ond ens Lehrerhaus.
Ma ka do mit so feine Sacha
scho ällemol guet Wetter macha.
Dort hoßt's: 's wär jo it nötig gwea!
Ond hot em Kend a Trinkgeld gea.

So hot e jeds sei Toal vrwischt.
Ond wenn die Sau vrschaffet ischt
zue Schpeck, Fleisch, Wurscht it mender,
no kommt ma durch de Wenter.

D'r alt Wanderschtiefl vrzählt

Guck i den alte Schtiefl a –
Was der mir äll's verzähla ka!
Er ischt scho manches Weagle g'loffa
ond hot scho viele Menscha troffa.
Er schtieflet gern durch Wald ond Feld
ond kennt sich aus en dere Welt.

Wo ma-n kauft hot, liebe Leut,
do war noh a ganz andre Zeit.
Do war's Geld noh rar, bigoscht.
Fufzg Mark hot so e Schtiefl koscht't.
Heut muescht dreihondert anelega
ond därfscht di it emol ufrega.

Früehr waret's no au Naglschueh
ond saumäßig schwer drzua
ond no als ganz bsondra Schlanz
om d' Sohl rom en Bergnäglkranz.
Die hot ma no ganz u'scheniert
mit Schtieflwichse gschmotzt ond gschmiert.

Doch höret mr den Schtiefl a,
was er suscht noh vrzähla ka.
Bsonders gern, do sei er halt
am Sonntigmorga durch de Wald
oder quer durch Feld ond Au
am Morga früeh em frischa Tau.

Doch häb er nie vrtraga könne:
Ohne z'gucket, anerenna,
wenn die Wanderer wie blend
's Schönst glattwegs überseahe hent.
Er häb quietscht ond häb sich g'wehrt,
doch häb niemeds uf ehn ghört.

Doch bei äller Hetz ond Hascht
sei's no schö gwea bei dr Rascht,
wenn bei 'me Damaschüehle bhäb
er behaglich g'ruebet häb.
Er häb sich do au it scheniert
ond 's Damaschüehle lieb berührt.

E' Figürle wondernett
häb des Schüehle domols ghet,
Forma, wie direkt vom Loascht,
mit 'me gueta Wandrergoascht,
herrlich gschmeckt, gar it so räs
wie andre Schuah – noch Bachschteikäs.

Ma sei bald wieder weiterg'loffa,
doch häb er 's Schüehle wiedertroffa
em a Wirtshaus ontrem Tisch,
wo ma schpäter eig'kehrt ischt ...
Die obe häbet gschwätzt ond grueßlet,
ond er häb mit'm Schüehle gfueßlet.

Doch geit es halt au viele Sacha,
wo dem Schtiefl Ärger machet.
Am ällerschlemmschta sei-n-es halt
bei so Picknickplätz em Wald,
wo äll's de Gruscht bloß anegheit
ond äll's bloß duranander leit,

die Plaschtikbecher, Plaschtiktascha,
leere Büchsa, leere Flascha.
Er müeß am Bode do viel leide
ond sei do gwiß it zom beneida.
's wär schö, wenn ma, wie sich's gebührt
des äll's drhoam entsorga würd'.

Am schönschte, mont dr Schtiefl, sei
e Bergfahrt en's Gebirge nei
mit so richtig schteile Weag
über G'röll ond schmale Schteag.
Do sei er, wer ehn richtig kennt,
so voll und ganz em Element.

Doch beim Hütteobed no
laß die Freud no scho 'mol no.
Wenn se feiret em Lokal,
schtand er em Keller em Regal.
Er hör do bloß des bonte Treiba
ond müeß em donkle Keller bleiba.

Doch sei des au 'mol guet ausganga.
Er sei do müed em Donkla ghange'.
Do häb er z'mol en Duft verwischt,
wo ehm en d' Nas nuf gschtiega ischt,
ond der vrtreibt ehm älle Kommer.
Des war dr Duft vom letzschta Sommer,

vom Damaschüehle ontrem Tisch,
so ganz noh do ond au ganz frisch.
No schmeißt dr Schtiefl, gar it domm,
zom Schüehle de Schuehbändel nom.
Ond 's Damaschüehle ahnt au glei,
vo wem der nette Bändl sei.

Se lent sich d' Gleageheit it nemma
ond schlupfet no au ganz bhäb z'semma.
Was andre tent, ischt jetzt egal.
Sie send selig em Regal.
Doch lasset mir diskret die zwei
em donkla Keller jetzt allei.

D'r Schiefl seit, so sei des gwea,
es häb sich oa es ander gea.
Er schtand jetzt – so goht die Gschicht aus –
mit'm Schüehle en eim Haus.
Uf jede Fall guck uf des na
i den Stiefl anderscht a.

Rolf Schöndienst: Dreiunddreißig Farbaquarelle

Fritz Schray und Rolf Schöndienst: Uf em Bänkle. Mancherlei Betrachtonga über's Ländle ond's Leabe.

»'s Leabe« fasziniert den Wurmlinger Dichter Fritz Schray. Er beobachtet »d' Leut« genau und charakterisiert sie treffend … und er macht sich seinen eigenen Reim aufs Leben. Der Tuttlinger Künstler Rolf Schöndienst interessiert sich dagegen besonders fürs »Ländle«. In seinen Farbaquarellen läßt er eine ganze Welt vor unseren Augen erstehen – mit zauberhafter Leichtigkeit und wenigen Pinselstrichen. »Mal hintergründig-philosophisch, mal melancholisch, mal lustig schaut Fritz Schray, Dichter und Hauptkulturwart des Schwäbischen Albvereins, in 64 Gedichten vom Bänkle hinaus ins Ländle, begleitet von Rolf Schöndienst, der dieses Buch sehr ansprechend illustriert hat.« (Schwäbische Heimat)

Mit 24 Farbaquarellen und 23 Federzeichnungen von Rolf Schöndienst. 84 Seiten, fester Einband.

Die Schwäbische Alb

Der zauberhafte neue Bildband porträtiert die ganze Schwäbische Alb vom Randen bis zum Ries. Die meisterhaften Farbfotos von Rainer Fieselmann und Manfred Grohe rücken das »Lieblingsgebirge der Schwaben« ins rechte Licht.

Mit einem Beitrag von Fritz Schray und einem Geleitwort von Peter Stoll.
Deutsch, englisch, französisch, spanisch.
176 Seiten, 187 Farbfotos, Großformat, fester Einband.

Fritz Schray: Gsälzbrot und Bärlauch

Ein neues Buch von Fritz Schray: ernst und heiter, zärtlich, charmant und tiefsinnig. Um »Leut und 's Land« drehen sich die Themen der schriftdeutschen und schwäbischen Gedichte.

Mit 30 Federzeichnungen von Rolf Schöndienst. 192 Seiten, fester Einband.

Scho gschwätzt. Heitere und zornige schwäbische Gedichte

Wer jemals ein Buch zu lesen versucht hat, das in Mundart verfaßt war, weiß, daß es einiger Übung bedarf, Sätze wie »Nô noh na, noh nôô nô!« zu entziffern. Manfred Mai, Helmut Pfisterer, Peter Schlack, Fritz Schray und, in einer historischen Aufnahme, Thaddäus Troll lesen schwäbische Gedichte aus Büchern, die bei Silberburg erschienen sind.

CD in Jewelbox.

3 4 5 6 7   05 04 03 02 01

© 1996/2001 by Silberburg-Verlag Titus Häussermann GmbH, Schönbuchstraße 48, D-72074 Tübingen. Alle Rechte vorbehalten.

Farbreproduktionen: M&S Digitalrepro, Herrenberg. Druck: Freiburger Graphische Betriebe, Freiburg i. Br. Printed in Germany.

ISBN 3-87407-232-0

Besuchen Sie uns im Internet und entdecken Sie die Vielfalt unseres Verlagsprogramms: www.silberburg.de

Erhältlich im Buchhandel

Silberburg-Verlag